I0460212

CONTADA EN POEMAS

La Vida

ADIELY FIGUEREDO ORTEGA

Published 2024

Printed in the United States of America

First Edition

ISBN (softcover): 978-1-963380-37-8
ISBN (e-book): 978-1-963380-38-5

For information, address:
Holzer Books LLC
8 The Green, Ste. A
Dover, Delaware 19901 USA

For information about special discounts available for bulk purchases, sales promotions, and educational needs, contact:
info@holzerbooksllc.com
+1 (888) 901-7776

holzerbooksLLC©

TABLA DE CONTENIDOS

Prólogo

Este es mi primer libro y te podría contar que es la historia de mi vida en unas páginas o mejor aún que me descubrirás a mi en estas páginas, pero te estaría engañando y aunque no te conozco, te quiero demasiado por el simple hecho de estarme leyendo como para engañarte asi. Lo cierto es que no me encontrarás a mi en estas páginas, te encontrarás a ti, encontrarás a una amiga o amigo, a un familiar o quizás a quien fuiste ayer o serás mañana.

No te puedo decir que encontrarás respuesta a las preguntas que te laceran el alma en este libro, solo te puedo decir que si me dejas entrar entenderás que nadie está del todo sola o solo en este mundo, que las historias se repiten como se repiten las estaciones y que debemos dejar afuera todo eso que nos hace mal adentro.

Te regalo mi poesía y 9 mini-relatos, cuídalos mucho porque aunque no te cuento mi vida, me lograrás encontrar arañado las tristezas de volver atrás, asegurando lo que pasará mañana o dándote la sinopsis de un vendaval, cuando te logres ver, me encontrarás ahí contigo, entenderás que no se aceptan chantajes por compañía, que se agradecen los No y que siempre es mejor ir ligera de equipaje.

Quizás sí, quizás no fue tan fuerte mi coraza y me logres encontrar en estas páginas, pero no fue para que me conocieras que escribí este libro, fue para que te encontraras a ti y cuando lo logres hacer, entenderás que todo ha valido la pena.

Agradecimientos

Le agradezco a mi hija por ser ese pedacito de mi que se materializa en cada sonrisa, que pone a prueba mi paciencia, que duplica mis ganas de volar para que ella no tenga límites en su vuelo.

Lo sabe, porque se lo digo a diario, pero quiero aprovechar la sinceridad de este libro y la oportunidad que tiene de vivir en el tiempo para decirle que sin su amor no soy nada, que hoy es una niña de 9 años y mañana será una adulta de 30 pero no importa los años que pasen ni que nos depare la vida ella siempre será la razón por la que yo quiero ser mejor persona cada día, ella siempre será la causante de mis más sinceras sonrisas, de mis más absolutos miedos y mis profundas certezas. Ella siempre será la razón por la cual yo he aprendido a amar a alguien mas que a mis misma, porque aunque siempre le digo que la persona que más yo amo soy yo para que ella aprenda a amarse más que a nadie, cuando un día sea mamá entenderá que ese amor lo supera todo.

Le agradezco a mi hija todo lo que soy.

GRACIAS MI VIEJA

Es complicado agradecerle a Ella
y no llorar,
es complicado,
porque se fue muy pronto
y no me va a escuchar,
no habrá un abrazo ni un chiste suyo
cuando le enseñe este libro, no habrá un ¡Lo
lograste!
Ni un ¡Te quedó genial!

Habrá solo silencio tras unas palabras mías,
un llanto que quema,
un adiós sin despedida,
un Te amo en silencio
y una tumba sombría.

Gracias mi vieja,
por amarme si medida,
por ser hogar y abrigo
cuando tú no tenías,
Gracias por ser como fuiste,
por todas tus melodías, Gracias por
quererme tanto
cuando ni yo me quería.

Este Libro es el resultado de noches sin sueños y días de llanto, de noticias tristes, de amores eternos, de risas calladas, de tiempo sin dueño, es el resultado de un mundo interior muy grande que decidí poner fuera y escudarme detrás de una página de Facebook a la que decidí llamarle Del Amor y sus Huellas.

A cada uno de los que lee mis poemas en esa página, a los que llegan nuevos a los que se quedan y a los que se van, yo les doy las GRACIAS porque fueron ustedes quienes validaron mi trabajo, quienes me aseguraron que escribir poesía sanaba el alma y quienes me convencieron de publicar este Libro.

A mi esposo le doy las GRACIAS, más de una noche espero por mi a que terminara un poema, más de un día los has escuchados y en más de uno lo verán reflejado. Por Él comencé esa página de poesía, me estaba ahogando en llanto en ese tiempo y necesitaba contar lo que no podía y comencé a escribir, pero siempre digo que no soy lo que me pasa, soy lo que hago de lo que me pasa y cree poesía de ese llanto y esa poesía ha ayudado a otras mujeres a entenderse y a entender y luego llegaron tiempos de risa y enjugué mi llanto y se cerraron las heridas y llegó el perdón pero quedó la poesía a riesgo de sonar masoquista, les puedo asegurar que lo haría todo de nuevo y por eso a Él le doy las GRACIAS.

Diosa Madre, Gran Madre, Le dediqué un poema que así se llama, lo podrán encontrar en alguna página de este libro. Mi Fe y mi confianza en su amor no tiene límites, no espero que lo entiendan. La descubrí un día de una noche cualquiera que me vi rezando por la salud de mi hija y me faltaron las fuerzas y allí estuvo ella y entendí por primera vez que no estaba sola, que todo estaría bien y desde esa noche le doy las GRACIAS cada noche y no significa que no he sentido dolores ni tristezas desde esa noche, ni que cada piedra en mi camino se ha quitado, no, ya solo tengo una Fe infinita en Ella, aprendo de las caídas, agradezco los errores y se que todo estará bien porque Ella está conmigo.

PARTE I

POEMAS

Feliz cumpleaños mi Vieja

¿Como se vive el primer cumpleaños
cuando la muerte llega?
¿Como le cantas las felicitaciones
sin que te llore el alma?
¿Como se abraza a la ausencia?
¿Como se calma la angustia?
¿Como se dice Te amo
si es que no sabes si escucha?

¡Tanto queda por decir
cuando alguien se va!
Se quedan palabras calladas
por los rincones de la casa,
llamadas que ya no se harán,
¡El tiempo que todo lo arrasa!

Hay adioses en el aire,
hay preguntas sin respuesta,
hay teléfonos callados
hay quejidos de protesta.

Hay una silla vacía,
una sonrisa ausente,
un chiste que no se cuenta,
una verdad que es hiriente.

Los planes que no se hicieron,
ahora pesan para siempre,
los abrazos que no se dieron
son angustias recurrentes.

Y la sientes de momento,
como si viniera a verte,
y te acuerdas de lo bueno
y celebras para siempre.

Y aunque ya no esté presente
en ningún otro cumpleaños,
su memoria está conmigo
aunque pasen muchos años.

Celebro tu vida
y todo el amor que me diste,
celebro haberte tenido,
para enseñarme viniste.

Feliz cumpleaños a la distancia,
donde mi voz no te alcanza
ni te puedo retener,
donde solo en mis sueños,
a veces te puedo ver.

Vuelvo atrás

Y vuelvo atrás,
y no precisamente
con la mejor de las ganas
ni la mayor de las suertes.

Vuelvo a las sonrisas fingidas,
a los abrazos rotos,
a la miseria del alma,
al descontento enmascarado,
al silencio obligatorio,
a la paz por conveniencia.

Vuelven a abrirse las heridas
y el llanto a flor de piel
en la tierra la partida,
la mirada ya de hiel.

Vuelvo a los remordimientos
a los besos sin despedidas,
me recorren los tormentos
dejándome sin salida.

Vuelvo a la hipocresía
del familiar conmovido,
que nunca estuvo conmigo
cuando yo bien lo pedía.

Vuelvo atrás,
al adiós a la distancia
donde mis dedos no alcanzan
ni sus brazos,
ni el ayer.

Vuelvo a querer intentar,
porque a pesar de lo dicho,
el amor como un capricho
se empeña en quererme sanar.

HAY PERSONAS

Hay personas que se van
a acordar de ti
aunque nunca lo digan,
aunque les duelan los huesos,
no van a confesarte;
que les rompe tu ausencia,
que es pesado ese traje,
que hay corazas vacías
que no saben quitarse.

Hay personas que no saben,
no aprendieron a amar,
sentirse vulnerable
nos suele asustar,
hay momentos intensos
que intentarán enseñar,
pero hay quien aunque quiera
no se atreve a intentar.

Hay personas eternas
que no nos dejan jamás,
que sin proponerlo
te suelen cultivar,
y te impulsan el alma
cuando quieres volar.

Hay personas de paso
que nunca pasan del todo,
que te dejan la huella
como un beso al azar,
y te acuerdas de ellas
una vez cada tanto,
y por mucho que quieras
no las puedes borrar.

Hay personas que cambian
cuando te cambian la vida,
que aprendes a amarles
y esta vez sin medida,
porque suelen encontrarte
donde tú te perdías.

Hay personas para siempre
y otras siempre para un rato,
hay quienes duele su presencia
igual que su partida,
hay algunas eternas,
otras ya de salida,
que te van a enseñar
lo que vale en la vida.

ME IRÉ

Me voy a ir un día de las calles
que me vieron correr,
de las casas donde un día me escondí,
de los abrazos del pasado,
de la risa del presente,
de los amigos de un día
y de los otros para siempre.

Me voy a ir de donde no pertenezco,
porque avancé sin ganas de retroceder
o porque perdí las ganas
de seguir teniendo lo que ya había perdido.

Me voy a ir sin ganas
o con la mayor de ellas,
con la mochila al hombro
o con la casa acuesta,
me voy a ir de los besos furtivos,
del recuerdo de la infancia,
de las promesas de siempre
que no se cumplieron nunca,
me voy a ir de los abrazos sin ganas
y de las ganas de abrazos
que nunca llegan a nada.

Me iré de las costumbres y credos,
del peso de la fe,
de amar sin tener ego,
dejaré algún que otro por que?

Me voy a ir de los sentimientos
que no me arropan,
de los momentos que son solo suspiros,
de las palabras huecas,
de los vacíos del alma,
de los amores,
de los amigos,
de los amantes,
de las canciones que mueven montañas,
de los poemas que me cobijan,
de mis palabras hirientes
y alguna que otra sin filo.

Me voy a ir de la pretensión social,
del orgullo sin fundamento,
de las mentiras sin gusto
y las verdades con él.

Me iré de los familiares de ocasión
y de las ocasiones sin familiares,
de la hipocresía de lo conveniente,
de la sociedad y sus apariencias
del trato por necesidad.

Me iré de todo lo que me forma,
las etiquetas que no me nombran,
las bondades que me he bordado,
la ausencia de quien he querido
las lágrimas que me han adornado.

Me iré sin regreso
aunque quiera volver
hay finales felices
que no son para ver.

Disfruta los cambios

Hay días que voy
y otros que vengo,
hay días de sustos
otros sin tiempo.

Hay días pasivos,
hasta remolones,
otros comprensivos,
ocultando intensiones.

Así vamos todos,
cambiando cuál día,
llorando y cantando
cualquier melodía.

Ayer, pues amargo,
hoy, ya más dulce,
tú no te castigues,
la vida se luce.

Lo constante aburre,
aunque sea lo bueno,
deja que te asombre
aunque sea pasajero.

$$e = mc^2$$

GRACIAS

Gracias a los que llegaron
trayendo nuevas ilusiones,
a los que se fueron
dejando adiós en los rincones.

Gracias por la fantasía
de que mañana será bonito,
gracias por la alegría,
por la esperanza
aunque sea un ratico.

Gracias por las lecciones,
por los aprendizajes,
por los nuevos retos,
por variar mi equipaje.

Gracias por las nuevas aventuras,
por lo intenso del recorrido,
por hacer temblar mi estructura,
por enderezarme el sentido.

Porque nada es para siempre,
porque todo lo empieza, termina,
porque agradecer es urgente;
La vida empieza cuando el
agradecer germina.

LO QUE NO, SOY.

No soy buena para los;
"Tal vez"
"Pronto te llamo"
"Un día lo hacemos"
"En estos días nos vemos"

No soy de las frases;
"Quizás"
"Si Dios lo permite"
"Así lo quiso el destino"
"Estaba escrito en mi camino"

No culpo a la;
"Divina providencia"
"Las huellas del pasado"
"La vida y su ciencia"
"Las cicatrices que me han formado"

Soy de ahora o nunca,
Soy de todo o nada,
Soy de me paso o no llego,
Soy de pasión sin censura,
Soy de me entrego o no quiero.

Soy de te amo sin miedo,
Soy de extremos lacerantes,
Soy de blancos y negros,
Soy verdades desafiantes.

Soy de lo entiendo o no puedo,
freno inhibitorio escaso,
Soy acción y consecuencia,
Soy pinturas de Picasso.

No soy para que me quieras,
quiéreme por lo que soy.

HASTA UN DÍA MI VIEJA

A ver cómo me despido
sin decirte adiós,
como no te tengo
pero no te olvido,
como este amor
que nos cubre totalmente a las dos,
cómo estás aquí,
aunque no estes conmigo.

Este dolor lento
que ni cesa ni muere,
esta vida que arde
porque ya tú no estás,
estas ganas de nada
porque tú ya no vienes,
esta herida no cierra
porque tú ya tú te vas.

Y te abrazo sin ti
y me quedó callada,
y mi llanto no cesa
no te sabe olvidar,
y la ganas me tuercen
y el dolor me desgarra
es tan grande esta pena
solo quiero llorar.

Y te fuiste tan pronto
mi vieja del alma
y esta distancia de mierda,
no te puedo rozar,
y aquí estoy con tu ausencia,
con mi Soledad y mi almohada,
y estas ganas inmensa
de volverte a escuchar.

Hasta un día mi vieja,
tú te quedas conmigo,
te abrazaré en mis sueños
cuando no te pueda ver,
te he amado tanto
que no cabe el olvido,
vivirás a mi lado aunque
a mi lado no estés.

CONTIGO

Contigo yo doy,
sin importar si recibo,
y me parece castigo,
cuando a tu lado no estoy.

Contigo siempre es aprendizaje,
la vida se vive en presente,
y aunque por tiempos me ausente
tu compones mi equipaje.

Contigo las horas vuelan,
la conversación no se agota,
tú eres en mi copa la gota
para que las penas no duelan.

Contigo no falta el abrazo,
el amor a quemarropa,
el consuelo en tu boca,
la tranquilidad en tu regazo.

Contigo soy felicidad,
alegría compartida,
amo tenerte en mi vida,
por ti soy sinceridad.

UN DÍA TE VAS

Un día te vas,
cuál fugaz mariposa
como la Rosa al rosal,
siendo tan poca cosa.

Y ese día te das cuanta,
que ni el café
ni la angustia
te mantienen despierta.

Y te vas porque sientes
que le falta sentido,
que ya no eres presente
que no alcanzan motivos.

Y te vas sin deseos
que te detengan,
con razón
y firmeza
de soltarte las riendas.

Y sin llantos ni anhelos,
sin tal vez que convenza,
comienzas de nuevo
con mucha mas fuerza.

No ha cambiado nada

Sigue ahí, el malecón y sus historias,
de novios, fiesta, bares y amores,
de rosas y pesca, de muchos colores,
dejando pedir deseos,
acompañando nostalgias,
calmando las penas,
uniendo las almas.

Siguen las mismas calles,
que llevan a los mismos pueblos,
siguen los mismos carros,
los mismos baches,
aún quedan los sin techos.

Siguen las mismas casas,
con pintura o sin ella,
siguen las mismas colas,
con mayores querellas.

Sigue el delincuente,
el policías y el chivato,
siguen algunas gentes,
siguen los sin zapatos.

Siguen las caras tristes
el calor que te envenena,
el barrio con sus matices,
el chisme corriendo en vena.

La leche que ya no alcanza,
los precios que solo elevan,
la vida sigue su curso
aunque yo no viva en ella.

Sigue la honestidad y
las buenas intenciones,
perdura la amistad,
que no pone condiciones.

Siguen los amores buenos,
las miradas penetrantes,
la hipocresía sin freno
el tiempo con sus instantes.

Sigue el mañana incierto,
el ayer que falleció,
el presente y sus tormentos;
el amor que claudicó.

Siguen muros de recuerdos,
siguen hábitos de Fe,
no han cambiado los defectos
siguen los "Yo si podré".

No ha cambiado nada
de lo que el tiempo olvidó,
el corazón con sus llagas,
aquí, solo cambié yo.

SINOPSIS DE UN VENDAVAL

Me decepciona tu egoísmo,
tan arraigado al hambre de tus huesos,
como podredumbres sesos
desechos ante el cinismo.

\Me desordena el abismo
entre ser y parecer,
que nunca intenta perder
amargo tu cataclismo.

La mediocridad de tu alma
que solo llega al intento,
la no sanidad de tu calma
sin reproches ni tormentos.

Como si fuera excremento,
el sufrimiento vecino,
sórdida burbuja de lino,
donde te acomodas dentro.

Susurro de descontento,
acciones de vano estaño,
con el pasar de los años
te pesará mi lamento.

Disfruta del vendaval al que enfrento
arrópate con mi armadura,
me sobran trozos de cordura
para entender, somos viento.

Yo también

Yo también tuve la foto repleta
de ajenas caras sonrientes,
que se van con la corriente,
dejando frío en la maleta.

Yo también me sentí completa
con mentiras aparentes
con verdades inherentes
al interés cuando aprieta.

Yo también temí a la soledad
y a su mala reputación,
sin detectar la intención
del ansioso de falsedad.

Yo también…
Y hoy estoy acá,
con el Sol a mi costado,
con la verdad entre los dientes,
amando siempre de frente,
sin excusas ni pasado.

La transición de la emigración

La emigración impone una
muerte transitoria,
es obligar a la memoria
un presente reconocer,
es imponerte nacer
apostando por la gloria.

Emigrar es dejar atrás
seguridades y costumbres,
es comprender que en la cumbre
duele la felicidad.

Es comenzar desde cero
a construir un futuro,
comprendiendo que a los muros
le falta mucho más que acero.

Es conocerte con miedo
y sentirte vulnerable,
sin encontrar el culpable
cuando nos traiciona el ego.

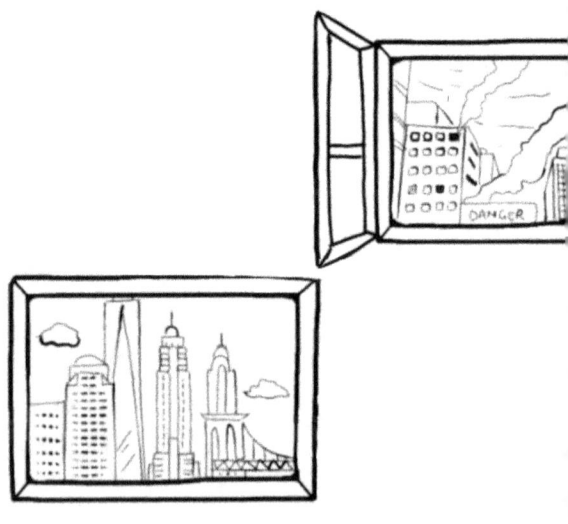

Quien emigra carga culpas
de un pasado que no existe,
y con ilusión desviste
argumentos que se disculpan.

Toma tiempo renacer
tras una emigración,
le cuesta mucho al corazón
sus latidos reconocer.

Sería bueno aprender
a respetar ese luto,
como de la planta, el fruto,
nace después de florecer.

"No"

Quiero agradecer
a los "No" de mi vida,
los que no ofrecen salida
ni posible mediación,
carentes de compasión,
poniendo sal en la herida.

Si, esos "No" tan agobiantes,
como grillete en tobillo
como si lobo, el colmillo
te regala en cada instante.

Esos "No" que prisionera
intentaron someterme,
sin siquiera comprenderme
ni escuchar a mis quimeras.

Gracias porque cada "No"
ha sido un paso en mi escalera
un apoyo en mi trinchera
la pierda que me guió.

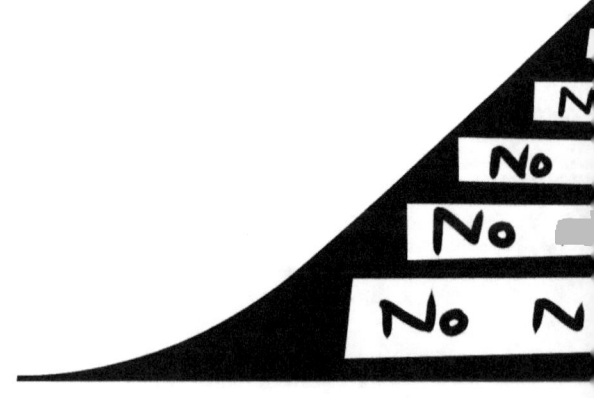

A ese "No" le aplaudo yo
por las puertas que cerró,
por las lágrimas que mojó
la esperanza en un pañuelo,
porque hoy es el consuelo
cuando todo terminó.

Ese "No" vino con un porque
para aclararme las dudas,
para abrasar la locura
que me dice yo podré.

Comprendiendo mi presente
agradezco a ese ausente
por regalarme su "No"
sin quererlo, irónicamente,
la vida a mi me arregló.

No dura por siempre

No dura una vida el desamor,
el tiempo hace su parte
y como un antiguo arte
en el olvido queda el dolor.

Comienzas a disfrutar el sabor
de un beso sin ataduras,
te enloquece la cordura
de amarte a ti primero
y con aplausos sinceros
te envuelves en la ternura.

Volverás a amar de nuevo,
la vida igual continúa
y la experiencia acentúa
cuando el amor toca ego.

Sentirás nuevamente el fuego
es inmenso el corazón,
te envolverá la pasión
como si nunca hubieras llorado,
y todo lo que has pasado
será para ti un borrón.

ERES... SOY...

Eres la Fuerza en mis batallas,
la Esperanza en mis derrotas,
eres palabra que acalla
al desaliento que agota.

Eres el motor que me impulsa
a no darme por vencida,
Eres la Luz de mi vida
en la noche más convulsa.

Soy Madre porque existes,
por ti no soy soledad,
tú eres mi felicidad,
para enseñarme viniste.

Soy el apoyo en tus pasos,
la guía en tu camino,
la verdad en torbellino
para estrechar nuestros lazos.

Eres todo para mi,
mi mundo empieza y termina contigo,
un día entenderás lo que digo;
¡Soy, por amarte a ti!

LLORO

Lloro porque he comprendido
que la vida sin amor
no tiene sentido,
que al sexo sin amor
le faltas motivos,
que los atardeceres
ya no pasan
para verlos contigo.

Lloro porque es tan frágil
la vida y la vivimos de prisa,
porque no logro encontrar
mi felicidad en tu sonrisa,
porque verte llegar
no estimula mis caricias.

Lloro porque he construido
un presente que se desploma,
porque a mi cama no le
hace falta tu aroma,
porque tu presencia
muchas veces me encona.

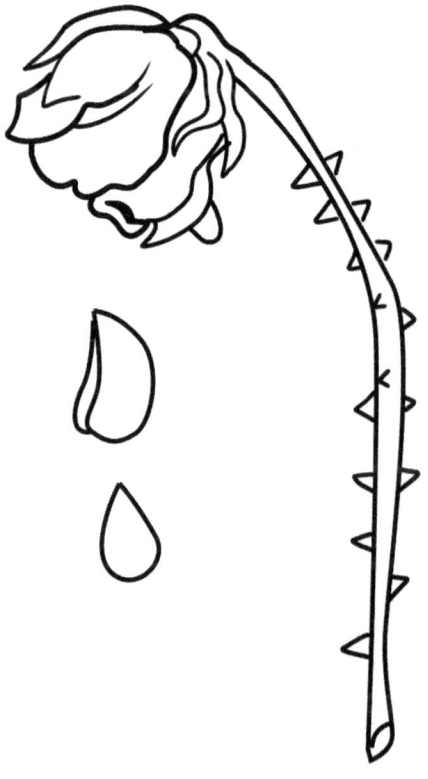

Lloro porque te amé tanto
y no supiste cuidarme,
y ahora que quiero alejarme
me amenazas con tu llanto.

Lloro porque me quiero ir
para empezar de cero,
con la esperanza de volverte a amar,
lloro porque se que al final
la historia se repetirá de nuevo.

¿Te acordarás de mí?

Quiero pensar
que te acordarás de mi
cuando el peso de mi ausencia
se empiece a notar
en tus mensajes.

Cuando no nos riamos
de los mismos chistes,
ni coincidamos
en los mismos lugares.

Cuando en la palabra cariño
ya no se encuentren
nuestros nombres,
cuando nuestros planes
no tengan el mismo destino
ni se crucen en ningún punto
nuestros caminos.

Te acordarás de mi
cuando la sinceridad
te falte al oído,
cuando la hipocresía
te sature los comentarios,
cuando tú soledad grite a diario
que le falta mi compañía.

¿Será que te acordarás de mí?
o solo me lo sigo diciendo
porque no ha llegado el momento
para olvidarme de ti.

Hasta luego

La vida se vive por etapas
que se cierran y abren
como puertas,
algunas duran solo una llamada,
otras siempre quedan entreabiertas.

A veces se nos queda
un agridulce,
un sabor a no termino
aunque me voy,
los recuerdos siempre buenos
nos seducen,
el pasado me recuerda lo
que soy.

Vas abriéndote camino,
vas viviendo,
arropándote con nuevas
emociones,
nuevos amigos a tu paso
irás haciendo,
concretando las grandes ilusiones.

Ya lo tienes todo decidido,
el futuro huele a incertidumbre,
sonrisas quedaran en lo vivido,
tu historia ya no hay quien la derrumbe.

Este adiós, me sabe
a un hasta luego,
este punto, no es punto y final,
las cenizas que quedan
de un gran fuego,
es difícil que se puedan olvidar.

Y si es cierto que ya no habrá
otro baile,
y si es cierto que no te vuelvo
a ver,
te deseo las sonrisas que dejaste
y un buen vino
en un nuevo amanecer.

LIGERA DE EQUIPAJE

Ando cada día
más ligera de equipaje,
sabiendo que la vida es un viaje,
de solo ida
pues no hay vuelta,
llevo la mirada alerta
mientras disfruto el paisaje.

Ah! Que voy encontrando sinsabores,
eso es cierto,
porque no hay nada perfecto
como dicen los rumores.

¡Que la vida no es todo colores!
me insiste el pesimista,
ese que ya no conquista
porque le sobran dolores.

Me voy quitando rencores
que me aflojan los cimientos,
voy destejiendo tormentos
para fomentar amores.

He aprendido a creer en la acción
y no en la palabra
voy dudado del que habla
carente de convicción.

Más ahora y menos despés
menos café y más Té
más te amo y menos olvido
menos llantos y más vinos
pues solo se vive una vez

Si, voy ligera de equipaje;
La sonrisa de mi hija
el apoyo del amigo
la esperanza en un suspiro
el perdón en un costado
la certeza de bastón
de sincero al corazón
y la Fe siempre a mi lado.

Aunque algunos no lo aprueben
voy ligera de equipaje,
porque nunca nadie sabe
cuánto durará este viaje.

Háblate Bonito

Háblate bonito
que te lo mereces,
quien eres y lo que tienes
lo has pagado con creces.

Háblate bonito,
las etiquetas que te ponen otros,
en tu cuento ya son mitos.

Los errores del pasado
son tus sinceros aliados,
son esas calles de un pueblo
que te sonríe al pasar,
porque saben que no te hieren,
no te pueden maltratar.

La sonrisa que hoy regalas
te ha costado demasiado,
sanar heridas antiguas,
obviar besos caducados.

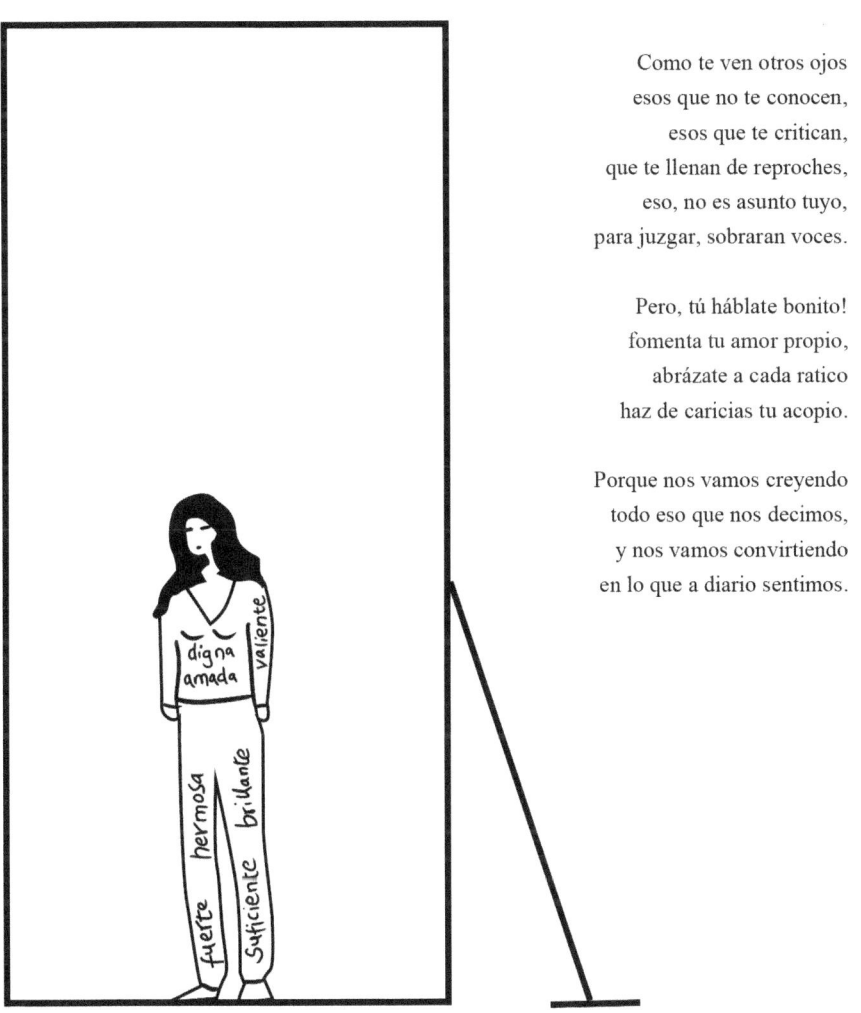

Como te ven otros ojos
esos que no te conocen,
esos que te critican,
que te llenan de reproches,
eso, no es asunto tuyo,
para juzgar, sobraran voces.

Pero, tú háblate bonito!
fomenta tu amor propio,
abrázate a cada ratico
haz de caricias tu acopio.

Porque nos vamos creyendo
todo eso que nos decimos,
y nos vamos convirtiendo
en lo que a diario sentimos.

Cuestión de Prioridades

Esa excusa que inventas
o que te dejas contar,
esa mentira que intentas
cuando es preciso ocultar
sentimientos que a la larga
no podrás encarcelar;

Que si el tiempo no me alcanza
y por eso no nos vemos,
me ha disminuido la panza
ya por eso no corremos.

Cuando los niños crezcan
seguro hacemos el viaje,
cuando me alcance el dinero
visitaré aquel paraje.

Cuando sea su cumpleaños
le diré una frase bonita,
le compraré un regalo
y le haré una visita.

Y así van pasando los años
y seguimos postergando,
lo que por creer seguro
el tiempo nos irá quitando.

Y cuando la canas
te cuenten unas verdades,
entenderás que la vida
es cuestión de prioridades.

Lo difícil

Lo difícil no es decir hasta aquí,
lo difícil es no poder recuperar
el tiempo perdido,
el amor no compartido
por miedo a irte de ahí.

Lo difícil es querer empezar
de nuevo sin saber por donde,
es pretender construir de cero
una vida a medias,
es no entender que vivir es urgente,
que solo importa el presente,
que el pasado ya no cuenta.

Lo difícil son las promesas
que carecen de sentido,
el corazón sin un latido,
la sobriedad de las tristezas.

Lo difícil es hacerte preguntas
sin obtener respuestas;
¿donde empieza la cobardía
o termina el egoísmo?
¿donde aparece el cinismo
con el futuro en apuestas?

Lo difícil es saber cómo amarte
aunque otros no lo entiendan,
es aprender a nadar contracorriente
con la sinceridad en el alma
y la mirada de frente.

LO QUE FUE

Con el pasar de los años
ha llegado el hastío,
de lo que fue antes hoguera,
quedan carbones fríos.

Pero no fue la rutina,
ni el sexo en otra cama,
no han sido los años,
ni las libras y ni las canas.

No fueron los hijos,
ni el tiempo compartido,
no fueron los planes
donde nos excluimos.

Fue cada mentira,
cada lágrima en vano,
cada promesa
que no sostuvo las manos.

Fue entregar un corazón
y no recibirlo de vuelta,
fue aprender a caminar
con la vida desierta.

Fue llorar hasta que duele
el alma que ya no es tuya,
que se cansa de sufrir
que no quiere la destruyas.

No fue la rutina,
no fueron los años,
fue amarte más que a mi misma
y recibir solo engaños.

QUE LA VIDA VALGA LA PENA

¿Sabes que dirán
de mi cuando me valla?
dirán que fui buena,
que nunca fallé,
que no sabía de penas,
que nunca tropecé.

Por eso vivo
a mi manera,
como cualquiera,
amando siempre
y dejando huellas.

Contando batallas,
esquivando derrotas,
ser feliz es urgente
cuando el tiempo se agota.

Disfrutando las luces
que me salen al paso,
compartiendo sonrisas
en cualquier ocaso.

Bebiéndome la prisa
en mi copa de vino,
disfrutando la brisa
aprendiendo el camino.

Viviendo consiente
de mis imperfecciones,
para sinceridad regalarte
me sobrarán razones.

QUIÉREME ENTERA

Si intentas un día quererme,
quiéreme entera,
con mis complejos
y mis barrera,
con mis añoranzas
y mis quimeras.

Ama la sombra de mis
días grises,
mis muchos tormentos
mis cicatrices.

Te daré mil excusas
para que no me quieras,
te hablaré de frente,
te seré sincera,
jamás me quedo en la superficie,
es justo en el fondo
donde están tus raíces.

No te enamores
de mis buenos consejos,
no te acurruques con mis
muchas pasiones,

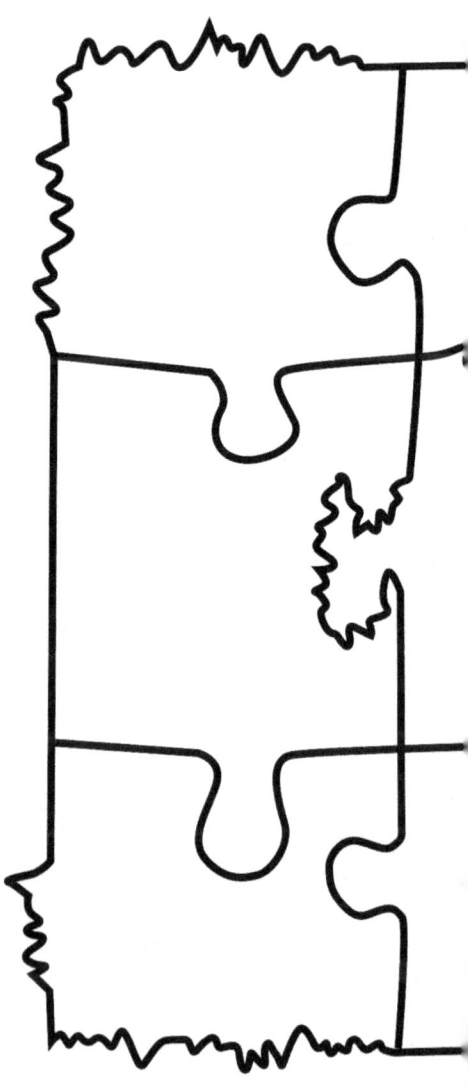

no me acaricies
cuando cumplo tu anhelo
no solo sonreías
si por ti me desvelo.

Si me vas a querer,
quiéreme entera,
porque el rosal no da solo rosas,
quizás no florezca
aunque sea primavera,
ni con las tormentas
me veas temblorosa.

Si no puedes entender
que hay sonrisas engañosas,
que hay mentiras que lastiman
y verdades que destrozan,
entonces no me quieras,
porque yo seré grande
y tú serás poca cosa.

Chantajes por compañía

Mi soledad,
no es obligatoria,
es opcional,
totalmente electiva,
no soy antisocial,
soy selectiva.

No puedo con la hipocresía
para encajar en sociedad,
tener que dar siempre más
de lo que otros merecen,
tener que pagar con creces
un favor recibido,
y cuando te hayas caído
te pisarán mil veces.

Te tienes que dejar usar,
es un detalle importante,
si siempre quieres contar
en tus fotos,
presencia abundante.

Pero si decides amarte
y crear lo que te hace feliz,
vendrá para ti un sin fin
de críticas y malos tratos,
te quedará el retrato
vacío de hipocresía
y entenderás tu valía
para quien te ama a ratos.

Como tengo en esta vida
el propósito de amarme,
para quien soy importante
sin dobles intenciones,
no faltarán razones
para un mundo regalarles.

Para quien solo pretende usarme
con el amor por chantaje,
les adelanto, hay un traje
de soledad bien cosido,
que siempre cobra sentido
cuando necesito amarme.

MI ETERNO APRENDIZ

Me descoso las etiquetas
que me prohíban conocerme,
soy más de lo que ves,
soy pasión de una noche
amor de una vida,
soy la respuesta perdida
entre corazón y razón.

No vivo buscando el perdón,
de quien no ha sabido perdonarse,
intento ante todo encontrarme,
reconciliarme con el pasado,
dejar lo que ya ha caducado
y de nuevo reordenarme.

No intento que logres amarme
eso ya lo hago yo,
mejor intenta encontrarte,
saber que quieres deberás,
tener respuestas sinceras
para entonces reclamarme.

Me encontrarás desordenada
en una playa cualquiera,
con la esperanza enamorada
de mi vida y mis quimeras.

Y seguirás poniendo etiquetas
que importarán solo a ti,
porque yo seré el desliz
que nunca controlaras,
yo siempre seré el quizás
y tú mi eterno aprendiz.

VEN SINCERA

Ven con todas las tempestades
que conforman tu presente,
con el pasado a medias
que no has podido remediar,
ven con todos tus pendientes
con tus dudas ascendentes
con tus ganas de claudicar.

Ven con penas en el alma
y arañazos en la piel,
con deudas antiguas
y asuntos por resolver.

Ven hecha añicos en la calma,
con proyectos por contar,
con dolores al alba
con lágrimas al amar.

Ven con miedos,
con defectos,
con críticas por doquier,
no me importan los efectos
lo pendiente a entender.

Ven como quieras,
con el mar en llamas,
con la luna llena,
con esas verdades,
con todas tus penas,
ven cuando tu quieras
solo ven sincera.

EL CARBÓN

¡Y tengo carbón!
me dijo ella,
y la amo porque es bella
con enorme corazón.

Si, tengo carbón,
hoy mis pasos se encaminan
a preparar buen sazón,
aunque no hay electricidad
ni gas para la cocina.

¡Pero que gran actitud!
le dije con emoción,
de ti saqué mi tesón
para coger altitud,
y te debo la virtud
de ver la luz en lo oscuro,
de buscar en lo más puro
del sentir del ser humano,
que no me venza el desgano
cuando me siento en apuro.

¡Claro mi hija, todo siempre se resuelve!
yo me voy administrando,
y siempre yo voy logrando
sacar la vida adelante,
que la luz y el gas vuelven,
lo que no vuelve jamás,
es la sonrisa sin vida
del que pierde la esperanza,
lo que no puedes perder
es el trocito de Fe que alimente
el corazón,
y verás cuánta alegría
trae un trozo de carbón.

QUE BONITA LA GENTE

Que bonita la gente real,
la gente que se equivoca,
que no es perfecta,
que se va cayendo
y aprendiendo de
esas caídas,
que se enorgullece
de las cicatrices
de un pasado que
la hizo crecer.

Que bonita la gente
con verdades de frente,
tajante en sus certezas,
delirante en sus convicciones,
gente que no baja la cabeza
por pensar diferente,
por actuar diferente,
por crearse un mundo diferente.

Que bonita la gente que cuida,
que se construye un presente
con la esperanza en el futuro,
gente que recibe con brazos abiertos
las oportunidades,
gente que crea más oportunidades
de las recibe,
gente que mira de frente
las consecuencia de sus actos,
que no concibe pactos
que no encierren sinceridad.

Que bonita la gente
que da sin esperar,
que se educa para educar,
que no castiga para enseñar,
que no habla sin estudiar,
la gente que se mira por dentro
antes de criticar,
la gente que ama en vida
y no espera que se marche para amar,
que no permite que la dañen
pero tampoco se permite dañar.

Que bonita la gente
que te escoge por tu esencia,
no por el tamaño de tu cartera
ni tú condición social,
la gente de corazón limpio
que sabe amar sin etiquetas,
que se construye cuentos de Adas
si quiere vivirlos,
pero que no espera
al principe que la salve
porque se sabe salvar sola.

Que bonita la gente
cuando entiende
que la vida es muy corta
y te impulsan a vivirla

Necesitamos hablar

Necesitamos hablar,
me pesan las cosas
aún no sabes de mi,
los detalles que trazan
la mujer que soy,
los gustos que difieren tanto
de ti,
los pasos de un sendero
por donde ya no voy.

Necesito que conozcas
que tengo matices
que a mi blancos y negros
le sobran los grises
que hay explicaciones
que aún no te he dado
que hay ciertos detalles
que te he ocultado.

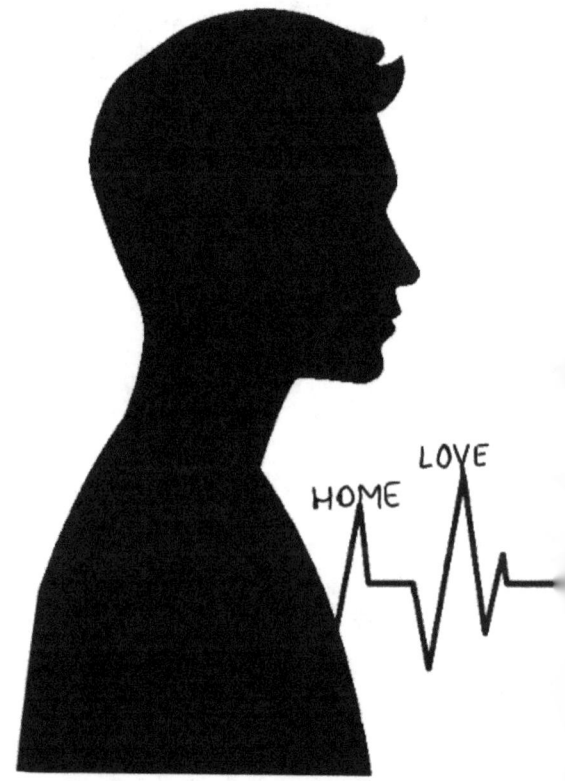

NDNESS

Por miedo a perderte
te oculto verdades
me invento razones
que te hagan quedarte
pero si no te cuento
lo que he de contarte
quedará solo silencio
en ambas partes

¿Que pensarás? ¡No sé!
¿Como actuarás? ¡Tampoco!
pero quiero que sepas
que hagas lo que hagas
la que soy ahora
no difiere tanto de la que ya amabas
que te miro a los ojos
y te sigo queriendo
que mi amor por ti es más
fuerte que el mismísimo tiempo.

MAÑANA

No te miento si te digo;
que no estaré mañana,
que hoy es un día perfecto
para vernos,
y lo digo sin el chantaje
emocional de la ausencia.

Mañana, será el ayer del futuro
y yo compartiré mis besos,
mis secretos, mis anhelos
y mis verdades,
con otros brazos, otro cuerpo
y otra piel.

Mañana no te escribiré más,
y no por soberbia ni por desquite,
no por pagarte con la misma
moneda de indiferencia, con la
que he comprado tú presencia
todos estos años,
mañana empiezo a amar
desde la plenitud de la sinceridad,
desde la armonía de los ojos limpios,
desde La Paz de lo verdadero.

¿Y porque no hoy? Te preguntarás,
tú que intentas arreglarlo todo,
con el imposible
de ocultar cuánto sientes.
No, hoy no, porque hoy
todavía espero de ti esa bocanada
de aire que me permita
darte las gracias,
gracias por no quedarte,
gracias por no serte fiel,
gracias por ayudarme a olvidarte.

Mañana, este adiós no tendrá
la continuidad como los parques
de Cortázar.

El exiliado

No lo lleva todo en la mochila el exiliado;
un beso y un te quiero,
de quien a dejado,
se quedan recuerdos,
vivencias sinceras,
amores profundos…
una vida entera.

Se emprende un camino
con miedos punzantes,
solo sabe el destino
lo que espera adelante.

Las noches muy largas,
los días de lluvias,
el corazón que salta,
la esperanza que alumbra.

No existe un mañana
con pasos certeros,
no queda un pasado
para volver de nuevo,
te queda un vacío
un "quizás" de bastón,
no existe consuelo para el corazón.

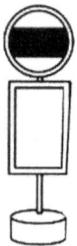

Así va el exiliado
con su mochila acuestas,
con tantas preguntas
y pocas respuestas,
con pocas razones para seguir andando,
con tantas canciones para no ir olvidando.

Se va el exiliando,
la vida que sigue,
el mar se hace inmenso
cuando un sueño persigue,
los años compensan
las tristezas pasadas,
y aunque no se olvida nada
la esperanza resucita,
y como la flor marchita
que encuentra el agua y la luz,
el exiliando entona un blues
con lo que a su corazón agita.

ME AMO ASÍ

Me amo así;
escondiéndome en la sinceridad de la brisa,
en La Paz de la naturaleza,
en la quietud del universo.
Soy tierra,
soy agua,
soy aire
y soy fuego,
soy el pasado de tantas mujeres,
el presente de muchas otras y
el futuro de las que no conoceré.

Me amo desenredando nudos
para enredarme más,
creando caminos
por los que nunca pasaré,
siguiendo un destino
al que siempre desafiaré.

Me amo entrelazada
en la sonrisa de un extraño,
en la historia de aquel año
donde un día te encontré.

Me amo con tantas cicatrices,
con ruletas al azar,
con mis muchas tempestades,
con adioses,
con mis verdades,
con mis fuerzas para amar.

VOLVEREMOS...

Cuando pienses un día que
deje de quererte,
es posible te quiera
más allá de la muerte,
que tus besos aunque ajenos,
hacen ruido en mi memoria,
que si es cierto que existe
nos veremos en la gloria.

Y hablaremos de los años,
y del tiempo que perdimos,
de ese amor que ignoramos
de cuanto no compartimos.

Porque para hacernos daño,
bien que hemos aprendido,
en la escalera un peldaño
errores y más descuidos.

Pero el amor trasciende,
o eso quiero pensar,
esos beso que nos dimos
no se pueden olvidar,
y cuando pasen los años
y el orgullo no te abrace
mi puerta seguirá abierta,
para que por ella pases.

Tú puedes

Intentarlo no es lo difícil,
lo difícil es seguir en el vuelo,
ensancharte las alas al viento,
quitarte el polvo de las caídas
y comenzar de nuevo.

Lo difícil es mirarte al espejo
y retomar con fuerzas
cuando las ganas ceden,
y opacar el impulso de tirar la toalla,
y decirte bien alto y con orgullo;
Tú puedes.

Tú puedes lograr las promesas
que te hiciste al oído,
ese pacto de esfuerzo
que no será un quizás,
apagar a los ruidos
que no tienen sentido,
levantar tu mirada
pues vencida jamás.

Y vendrán tempestades
a cuestionar tus cimientos,
y lloverán preguntas
que no sabrás contestar,
y ya las promesas,
ahora más del viento
te mojarán los ojos
y te hará dudar.

Entonces cuando todo
parezca ya perdido,
cuando a tu impulso
ya le falte la razón,
recuerda que tú puedes
lograr lo prometido,
apégate al deseo
que movió al corazón.

Te pienso

Te pienso porque siento
que de tanto que pudimos ser,
terminamos siendo
la sombra de nuestros miedos.

Te pienso porque sé,
que no me conociste nunca,
que quizás en el intento
de que me notaras,
termine siendo lo que no
querías ver, peor aún,
terminé sin reconocerme.

Te pienso porque te rechacé
más de las veces que debía,
por miedo o cobardía,
¡sinceramente no sé por qué!

Te pienso porque
el amor se convirtió
en odio, un odio
que cargó con culpas,
que los años no han
podido corregir.

Te pienso porque
aún tengo esperanzas,
esperanza de verte de nuevo,
de explicarme,
de demostrarte,
de entenderte,
de perdonarnos,
esperanza de mirarnos
a los ojos y de entender,
que a pesar de habernos
conocido en el momento equivocado,
nuestros caminos, querramos o no,
estarán siempre entrelazados.

Te pienso porque
te quise tanto
que aún no te olvido,
y duele pensar
que nunca llegues a saberlo.

LAS CASAS

Me gustan las casas
con olor a hogar,
no a museos engomados
y premiados por la perfecta
rigidez de su orden.

Me gustan las casas
que huelen a torta
de cumpleaños,
a desayuno de domingo,
a pan tostado
y café recién colado.

Me gustan las casas
que sonríen
como reflejo de sus habitantes,
que se iluminan
por tanta luz que acumula,
que te abrazan con paz,
y te cubren de un cariñoso
silencio.

Me gustan las casa
que aman,
porque son amadas,
donde los colores varían,
los placeres se acomodan,
los deseos se cumples,
y las voces son oídas.

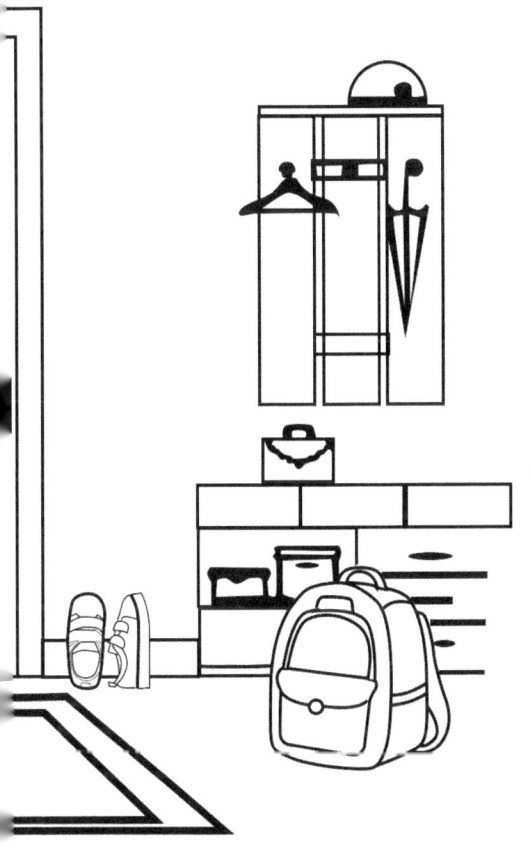

Me gustan los hogares
que se protegen en casas,
donde hay amor que sana,
perdón, recuerdo y olvido,
donde se crece en ansias
y se siembra la espera,
donde se estrenan las primeras veces,
donde se dan los más
profundos abrazos,
donde las máscaras y corazas
no tienen sentidos,
donde quedan los adioses
de los adolescentes,
donde la niñez se impregna
en las paredes como eternos recuerdos.

Me gustan las casa
que protegen hogares,
esas casas;
a donde siempre quieres volver.

ESE DÍA

Un día te quedas en esa relación
que no pensaste que te quedarías,
te quedas en la fantasía
de la complicidad,
huyes de tu soledad
sin importar lo que otros digan.

Paras de psicoanalizar
el pasado y el futuro,
y derribas los muros
para poder avanzar.

Oh, si;
Un día, llega ese día,
que te amas como eres,
sin importar etiquetas,
ni el nombre de tus placeres.

Porque es fuerte
mirarte y no verte,
son fuertes las sonrisas fingidas,
el orgasmo del tequila,
el cigarro por azar,
es fuerte no poderme encontrar
cuando me miro al espejo,
entre culpas y complejos
no logró recomenzar.

No te suelto

No he podido soltarte;
si te suelto, me caigo,
no he podido olvidarte,
si te olvido, ¿que hago?

No hay excusa que aguante
los años de la espera,
solo dura un instante
la visión en mi esfera.

Y te escribo sin prisa,
y no espero respuesta,
se hace lenta la brisa
si se apura la fecha.

Y otro amor se detiene
a mirarme los ojos,
y lo miro de vuelta
sin calmar mis enojos.

No te suelto el recuerdo
aunque mi piel no te roza,
los amores que matan
viven en cada cosa.

Quizás un día te suelte,
trae el olvido los años,
pero aún no te suelto,
¡pues si te suelto me caigo!

IGUAL A TI

Tengo mis muchos nudos
para desatarme,
unas pasiones
para ilusionarme,
oigo canciones
que me desordenan,
llevo sonrisas que detienen
la pena.

Voy caminando,
descubriendo el mundo,
me caigo a veces,
a veces pierdo el rumbo,
aprendo siempre
de lo que no me ha dado,
perdono y olvido
a quien me a maltratado.

Me descubro
oliendo a flores,
con el sol de frente,
tirando monedas
en alguna fuente,
oyendo el viento
que me sale al paso,
pidiendo deseos
en algún ocaso.

La vida voy descubriendo,
amo y sonrio
en todo momento,
conservo experiencias
como armaduras,
iluso quien intenta
ponerme cordura.

Hay más, mucho más
de lo que te presento,
pero como el mar y los días
no doy argumentos,
amo la Libertad, el libre albedrío,
amo a quien va derecho,
y a quien encuentra el desvío.

El amor se terminó

Amaneces un día
y el amor ya no amanece contigo,
y te mientes diciendo;
no sabes que pasó,
que quizás son los años
y te inventas motivos,
pero tienes bien claro
donde el final comenzó.

Duele desnudar los momentos
que te hicieron daño,
revivir los recuerdos
donde existió un engaño,
¡Que el pasado no se arrastra!
te aconseja el que no siente
¡Que bajes las expectativas!
que eres tú la que no entiende.

Y te vas pintando sonrisas,
y varias el tono de voz,
y mientras encuentras hobbies nuevos
el amor va diciendo adiós,
y el corazón tan invertebrado
sientes como se quiebra
con cada maltrato, uno menos;
a tus hilos ya le faltan hebras.

Ese día que amaneces acompañada
con tantos recuerdos,
no entiendes como viviste
atada a tantos tormentos,
y te abrazas lentamente,
y te miras al espejo,
y vez tantas cicatrices
que tienes flores bien dentro,
y el llanto ya no es amargo,
ahora es un alivio lento,
como da esa Madre Santa
que te acurruca en su pecho.

ANTESALA DE UN ADIÓS

Andamos, como andan
los sin rumbo;
perdidos, a tientas,
en el olvido,
como avanza el vagabundo.

Y apenas te miro,
y apenas me encuentras,
y surgen preguntas,
sin quedar respuestas.

Hoy somos extraños
de un pasado amor,
buscando en los años,
sustentar el temor.

Temor de encontrarnos
felices y ajenos,
temor de olvidarnos
sin pausa ni freno,
temor a una vida
sin un para siempre,
temor de aprender,
de ser resilientes,
temor a empezar
a conquistar de nuevo,
temor a decirnos
que no nos queremos.

Y andamos sin brillos,
con la mirada conforme,
sin sueños,
sin prisa,
sin canción que estorbe.

Pareciera de afuera
que somos felices,
la realidad y la ficción
tienen varios matices.

El tiempo que pasa,
la soledad es el castigo,
para esos amantes
que no encuentran sentido.

FINAL FELIZ

Creo que no te lloro,
porque te he llorado
muchas veces,
tantas que perdí la cuenta,
ya te lloré con creces.

Me he despedido tanto
que ya no me despido,
esta vez te vas,
aunque no te hayas ido.

Me fuiste rompiendo,
de apoco y de a mucho,
me aprendí a cocer
de tanto desuso.

Por eso es que ahora
te parece extraño,
que no extrañe tus besos
después de tantos años.

Y me fui preparando
para mi final feliz,
ese que no te incluye
donde me tengo a mi.

¿Quién no se equivoca?

Me dejaste en braille
un adiós a cuenta gotas,
un perdón caducado
a la orilla de un café,
me dejaste sanciones
del que nunca se equivoca
y yo sigo aquí esperando
a resolver mi ¿por que?

Me dejaste indiferencia
que lacera el orgullo,
una sonrisa fingida
que jamás olvidaré,
un viaje de despedida
un beso de contrabando
al deseo bailando un tango
y versos que no te diré.

Quizás te dejé sentimientos
que son preguntas activas,
quizás no estuvieron tan mal
las verdades a quemarropa,
¡que resultaron fatal!
¿Pero quien no se equivoca?

Cuando tú realidad te pinte
menos negros y más grises,
cuando los estereotipos
las etiquetas y encuadres
no alcancen para explicarte,
Búscame, hablaremos de nuevo,
quizás entonces la amistad sea un juego,
donde puedas escudarte.

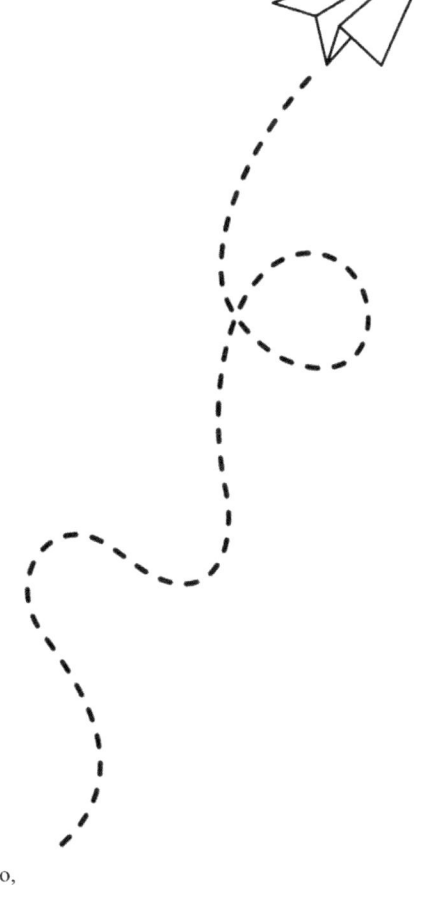

DESPUÉS...

Cuando el "Después"
te sepa a un pasado
que ya no será presente,
cuando te recuerde gente
que ya no estará a tu lado,
no esperes que el recuerdo
te evite remordimientos,
existirán tormentos
para empeorar tu estado.

Cuando el Después llega
no huele a futuro,
solo trae los vacíos
de las inconformidades,
solo trae el recuerdos
de los pasados fríos,
de almohadas cubiertas,
de inciertas soledades.

Después le hablo,
después le llamo,
después le invito,
después lo hago,
y así me engaño
y procrastino
y lo que llega
huele a destino.

Que el Después
no te robe una sonrisa,
que el posponer no te
amargue las verdades,
que la vida no se deshaga en prisa,
que el presente
no huela a casualidades.

ÁMATE COMO ERES

No puedes ser la Zorra y la Santa
con el mismo vestido,
ni patrona y sirvienta en la
misma ocasión,
no disfruta el penado, del verdugo
su castigo,
ni aplaude el condenado
a quien le pone sanción.

Se decide a conciencia
las elecciones tomadas,
algunas serán aplaudidas,
otras no muy acertadas,
algunas te helarán la sangre
por quien fuiste algún día,
otras te golpearán el hombro
para que aprecies la vida.

No se puede estar siempre
en lo cierto,
vestirse de humano,
es descubrirse imperfecto,
no se puede obrar bien
con una espina escondida,
no se está del todo mal,
con la verdad encendida.

No es la vida complacer
al que dice o que dirá,
la vida es saberte amar,
entenderte y entender,
es percibir el placer
de aceptarte como eres,
es saborear amaneceres
sin prejuicios ni complejos,
es mirarte en el espejo
y tú ser reconocer.

DELIRIO

Quizás sólo estuviste
de paso para mi corazón a prisa,
quizás nos sobraron miradas,
tal vez nos faltaron sonrisas,
no es tan culpable la brisa
cuando se apagan las llamas.

A mi que el silencio me aclama,
a ti que el murmullo persigue,
es claro que el tiempo prohíbe
contarnos así las canas.

Ya ves; vamos enderezando
los caminos bien torcido,
vamos hasta sin latidos
un corazón emocionando.

Vamos…dicen; Disimulando,
vamos…deshaciendo el molde
vamos cual criatura torpe
escondiendo lo encontrado.

Y en este; "Que te recuerdo"
Y en este; "Que te he olvidado"
Y en este; "Que te aprisiono"
Y en este; "Que no te he Amado"
se enrarece el sentimiento
se ensordece el pasado.

Quizás sólo fuiste un sueño,
quizás todo lo he soñado
quizás te busco bien dentro
porque nunca te he encontrado.

LOS PARQUES

Los recuerdos en un parque
a mi me viene de prisa,
cual ligera brisa
que lo acomoda todo,
la sonrisa de antes,
los abrazos de siempre,
el descanso inherente
del pensamiento fugaz.

Los recuerdos en un parque
me despejan los pesares,
me acomodan los silencios
que se agrandan como mares,
me llenan de olores pasados,
de lo incierto del futuro,
me permiten deshacerme
de complejos inseguros.

Es paz, la que encuentro en un parque,
son árboles; con verdades antiguas,
son flores, mariposas, avispas;
sinceridad, como la naturaleza misma.

Encontrarás en un parque
lo que llevas bien dentro,
la sonrisa de niños,
algún que otro lamento,
los planes que has completado,
los que te quedan pendiente,
a todo el que has amado
y a quien se fue para siempre.

LA DISTANCIA Y LA MUERTE

Un día llega el momento;
Y te visita la muerte,
sin explicar motivos,
sin organizar pendientes.

Llega para recordarte
que nadie ha nacido eterno,
y te golpea de frente
en ese mismo momento
con todos los amores
que se te murieron adentro,
y palabras que nunca salieron
duelen en doble medida
y los momentos que se hirieron
ya no cuentan de salida.

La muerte vive con nosotros
desde el mismo nacimiento,
y nos regala una tregua,
unos añitos de vida,
nos regala oportunidades
para amarnos sin medida.

La distancia es diferente,
es una decisión construida,
la distancia de los que amas,
lleva la muerte escondida.

Cuando en la distancia llega
la muerte de un ser querido,
duele doble el desaliento,
se hace más grande el vacío,
el abrazo queda inerte,
el Te Amo, en un suspiro
cabizbajos los perdones,
los rencores sin sentidos.

Si escogiste a la distancia
amar a tus seres queridos,
ya sabrás de mis miedos,
compartirás mis quejidos,
cuando el teléfono suene
y te suspire un adiós,
cuando el silencio te doble
porque su voz se extinguió.

No les cuentes de mi

No les cuentes de mi
si mencionan mi nombre,
quiero crecerte en los silencios
que me hacen parte de ti,
quiero encontrarme
en tu reflejo,
en los recuerdos sin nombre,
quiero acariciarte en tus sueños
cuando te acuerdes de mi.

No les cuentes de mi
cuando la melancolía
se haga palpable,
cuando logres desafiarte
con proyectos inseguros,
cuando acaricies los muros
que no logran olvidarme.

No les cuentes de mi,
llévame enganchada en tu pecho,
en secreto y con intimidad,
quiero ser la voluntad
que te ponga de nuevo en pie,
quiero ser tu gran "Porque"
tú desafiante amuleto,
quiero ser tu set completo
de amor, locura y desdén.

No les cuentes de mi,
porque entonces me olvidarías,
si logras conquistar la osadía
de ponerme afuera del pecho,
me robarías el derecho
de extrañarte día tras día.

Viajar es para valientes

Viajar es para valientes,
no es para cualquiera
la aventura de lo incierto,
el placer de lo desconocido,
la incertidumbre de lo nuevo.

Te pudieran decir que viajar
es para los que tienen dinero,
para los que lo pueden preparar todo,
para quienes tienen certezas del modo.

¡No!

Viajar es aprender a ser feliz
con una goma sin aire a dos horas del destino,
es disfrutar del idioma que no es tu idioma
aun si no lo entiendes,
es saborear de los vientos en una playa desconocida,
con gente desconocida
y luna en cuarto creciente,
viajar es amar la certeza de la aventura,
hacer amigos de un día,
dejar tu huella en una ciudad
y que una ciudad se quede en tu huella.

Viajar es disfrutar la risa del extraño de ayer
que seguirá siendo extraño mañana
pero recordarás siempre,
es no buscar nada para encontrarlo todo,
es agradecer la ayuda sincera
y la guía de repente.

Viajar es hacer el amor
en un baño a escondidas,
en una playa desierta,
en una mañana vacía,
hacerlo contigo,
con quien amas,
con el viento
y con la vida.

Viajar no es tener un boleto de avión,
una maleta preparada,
un beso en el aereopuerto,
un adiós de madrugada.

Viajar es entender
que las expectativas destruyen los viaje,
que los mejores viajes,
no tienen expectativas.

Viajar es cambiar,
es comprender que no regresarás
como te fuiste,
que hay adioses que son hasta luego,
que lo que dejes para luego
terminas por no hacerlo nunca.

Viajar es descubrirte de nuevo
es rendirte ante la vida,
es aprender a volar
y disfrutar la caída.

Viajar es asumir,
que todo lo que un día empieza
de igual manera un día termina,
que nada dura para siempre,
que cuando existe amor
todo en el mundo germina.

Hay quien ha salido,
quien ha conocido,
quien a podido pagarse un viaje,
pero nunca ha viajado.

Viajar es vivir
por eso es para valientes,
es entender que el presente
no se puede repetir.

QUÉDATE

Quédate con quien
aunque no te necesite; te escoja,
porque si para escogerte
tiene que necesitarte;
no es ahí.

Quédate con quien te ame
en tus oscuridades,
tus luces no pueden ser
de quien no ama tus sombras.

Quédate con quien te quiera
en el silencio de tus soledades
y en la algarabía de tus compañías
sin apariencias ni falsedades.

Quédate donde no haya otra demanda
que Ser sin censura,
que el Hacer cuando cuesta
siempre huele a clausura.

Quédate donde si te tienes que ir;
tu huella se extrañe en los que dejas,
un abrazo te reciba sin preguntas,
una sonrisa te espere si regresas.

Quédate porque te quieras quedar,
no porque te lo pidan,
no sabrás como sanas
sino has vivido la herida.

98

ESCOGERNOS ES UN SI

No hemos tenido un amor perfecto,
hemos ido construyendo el amor
con las piedras del camino,
creando puentes donde las distancias
nunca olían a destino.

Ha sido Mar en calma
y tormenta desbordada,
me marcho aunque me duela,
me quedo si te vas,
la vida sin un mapa,
la huida con las ganas,
adiós sin despedida
aquí no hay marcha atrás.

Cambiando por querer,
placer en cada cambio,
volviendo a renacer,
aún sanan los abrazos.

No ha sido regalado
no hay fortuna del azar,
nos hemos perdonado
para entonces avanzar.

Han sido las caídas,
los te vuelvo a escoger,
no quiero la salida,
volvemos a volver.

Somos lo que hemos sido
con todos nuestros remiendos,
seguro la hemos torcido,
sin duda existen lamentos.

En otras vidas te encuentro
y en las futuras lo haré,
hoy me sobran argumentos
para entender el porqué.

Mi gran compañero

Es demasiado el amor
que siento por Él,
que tenerlo conmigo
me eriza la piel.

Tan grande y tan Chico a la vez,
es su ser todo un arte,
no hay pedazo
en Él que se sienta cobarde.

Sincero el amor
de este compañero,
no hay día que pase
que Él no espere sereno,
regalarme su ternura
su rudeza y sus juegos.

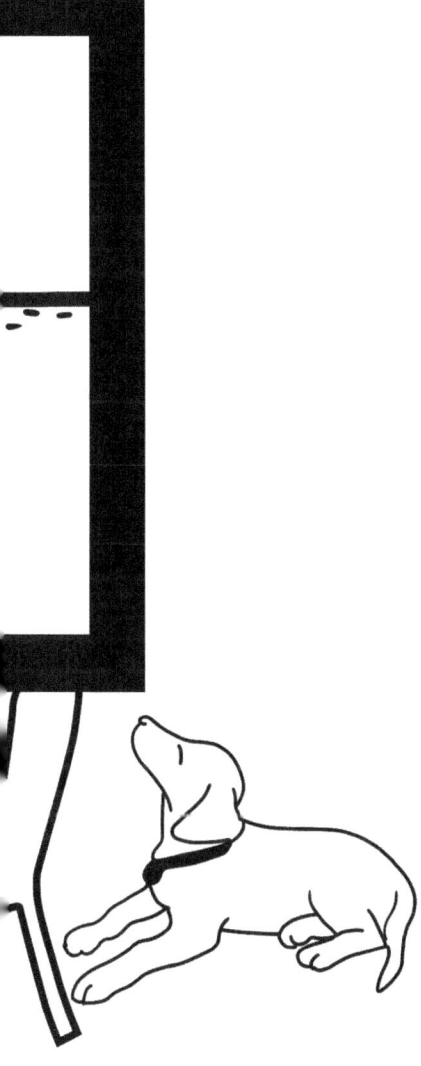

Y a mi que la prisa
me roba el momento,
de darle un abrazo
calmado y honesto,
y Él que no se enoja
no hay queja, ni tiempo,
Él siempre a la espera,
Él siempre atento.

Lo miro a los ojos,
mi gran compañero,
de noches sin lunas
de lunas y vientos,
y pareciera decirme
en su silencio perfecto;
Tranquila, no hay prisa
estoy aquí bien contento,
y cuando un día me marche,
cuando quizás tengas tiempo,
búscame frente a la luna
y encontrarás mi recuerdo.

No es cualquiera

Padre, no es cualquiera,
porque no cualquiera
se desvela cuando
se siente mal la nena.

No cualquiera cambia costumbre
se reordena los vicios,
se educa los demonios,
para cumplir compromisos.

No cualquiera se convierte
en lo que exige,
ordena sus prioridades,
se enfrenta con sus verdades
para sanar cicatrices.

No cualquiera ama incondicional,
y sin saber, enseña,
y es un caudal
de sentimientos puros,
de enseñanzas concretas,
y se vuelve marioneta
para que unos ojos puedan brillar.

No, Padre no es cualquiera,
porque no cualquiera
sabe amar de verdad,
acepta que su Libertad
empieza a ser compartida
y daría la vida
para esa otra mitad.

CERRAR CAPÍTULO

Necesito cerrar tu capítulo,
darle vuelta a la página
y crear otra historia,
evitar que tu recuerdo
me entristezca la memoria.

Necesito verte a los ojos
y descubrir que eres pasado,
descubrir que este sentimiento rojo
ya no vive de ti enamorado.

Acordarme de ti solo un día
cuando el azar te nombre,
no extrañar tu voz ni tus besos,
descubrirme amando a otro hombre.

Pasar la página,
que nos pone juntos
en la misma línea
y en el mismo párrafo,
entender que este amor moribundo
necesita descanso sagrado.

Necesito cerrar tu capítulo,
con el olvido respaldando mi lado,
para que no vuelva
a herirme el recuerdo,
los besos que aún no te he dado.

DIOSA MADRE, GRAN MADRE

Diosa Madre, Gran Madre
que reinas en el firmamento,
que conversas con las estrellas
con la Luna y los vientos,
que llena los corazones
de amor sin resentimiento,
que no comienzas batallas
que te duelen los lamentos,
que jamás me dejas sola,
que me guía el pensamiento.

Diosa Madre, Gran Madre
para honrarte hoy te presento,
para llenarte de luz
como bien te lo mereces,
pues gracias a tu grandeza
las esperanzas crecen.

Diosa Madre, Gran Madre,
Gracias te doy cada día,
por llenarme de amor
comprensión y sabiduría,
por cobijarme con besos
por arroparme en tu manto
por limpiarme los caminos
por aplacarme los llantos.

Diosa Madre, Gran Madre,
que sea siempre tu amor
el que camine a mi lado,
para que nunca un dolor
se acomode en mi costado.

Parte II

Mini-Relatos

Este Año

Este año aprendí a ser mi persona favorita, aprendí a quererme primero porque es la única manera de que me quieran otros, entendí que estamos en este mundo de paso y lo vivimos con prisa, aprendí a soltar, a quedarme solo con la sonrisa del momento, con el abrazo en el tiempo, con los buenos sentimientos.

Este año ha estado lleno, de altos y bajos, de me voy o me quedo, de me paso o no llego, he cerrado capítulos para siempre, he comenzado historias nuevas, he dicho adioses a la distancia y otros tantos a quemarropa.

Este año he llorado lágrimas que tenía preparadas para el futuro, he dicho un adiós para el cual nunca me había preparado, me ha dolido la distancia como nunca y he aprendido de la muerte y sus verdades.

Este año he aprendido a aceptar, he sabido perdonar, aunque sigo sin poder olvidar, me reencontré con el pasado e hice las paces en el presente, disfruté de los frutos de la constancia y las bondades de la sinceridad.

Este año he conocido amigos nuevos, de los que también se irán un día pero hoy se siente para siempre, he dejado partir a otros que creía para siempre y ya no son ni para un día.

Este año entendí que nada dura para siempre, que todo cambia que nada es permanente, que los sueños de ayer pueden ser las pesadillas de hoy y el olvido de mañana que el desapego es necesario y ser feliz es urgente.

Este año no fue uno de menos, me trajo experiencias de más, me dejé sentir, llorar, reír, me dejé vivir, aprendí que todo el que se queda no es porque quiere ni todo el que se va lo tiene decidido, entendí que hay viajes que cambian la vida y hay vidas que no valen nuestro viaje.

LA MÁS TRISTE DE MIS DESPEDIDAS

Un día, llegó ese día que esperas que nunca llegue, tras una caída, solo un hueso roto, nunca esperas tener que despedirte, nunca estás preparada, al menos yo no lo estaba.

La distancia duele el doble cuando llega la muerte. A menos de un mes de haberle ido a decir "Hola, te vas a poner bien", me tuve que despedir sin saberlo hacer.

Podía haber vuelto a ir y de no haberlo hecho me arrepentiré toda la vida, podía haberle dado un último beso, podía haberle dicho un último Te Amo bien cerquita del oído y no lo hice, porque estaba en cuidados intensivos y no me iban a dejar entrar, me convencieron los familiares.

Entonces entre la ilusión de que se pondría mejor, la impotencia de la distancia y el amor por ella, se me ocurrió hacerle un vídeo para que me viera por última vez ella a mi y si con algo me quedo es que la enterraron con una sonrisa en los labios.

Aquí les comparto: La más triste de mis despedidas:

Bueno viejuca la realidad es que todos nos vamos a morir algún día, es ley de vida, a algunos les toca adelantarse y a otros nos toca mirar la partida, más que todo por cuestiones de la edad, todos enterramos amores en algún momento de nuestras vidas. Te hago este vídeo para que estés tranquila para que sepas que te vayas o no, que estés donde estes siempre te voy a amar, que has sido y siempre serás mi madre y que he tenido mucha suerte de tenerte en mi vida, que te debo mucho y te agradezco todos los momentos de amor, todas las enseñanzas, todos los desvelos, todas las preocupaciones y todos los cuidados que tuviste conmigo.Espero volver a verte, pero si no es así si se nos queda pendiente el viaje alas Villas quiero que te vayas sabiendo que me hiciste muy feliz, que tu vida marcó mi vida como ninguna otra lo ha hecho, que te amo y te llevaré siempre colgada en mi alma como ese hermoso alfiler que nos ajusta el vestido.

Si te vas, te voy a extrañar, sin duda alguna, pero te voy a recodar gozona, con cada una de tus palabrotas, en cada una de tus jodederas con Lázaro, en ese arroz con leche que siempre tendrá tu nombre, te abrasaré cada noche y te sonreiré cada día, así que no estés triste porque note vas, solo te adelantaste en un camino a donde vamos todos. Suhay te manda un beso y desde la distancia también aprendió a amarte. Dicen los que saben que venimos a este mundo a amar y a dejar huellas, y tú has hecho mucho de ambas, por eso si te tienes que ir, vete en paz porque quienes nos quedamos siempre te recordaremos en todo el amor que nos diste.

Te amo y te amaré siempre.

Te envío el beso grande y el abrazo apretadito para que te sientas amada por el camino.

Monólogo de autodescubrimiento

Nunca esperé que Él muriera primero, nunca esperas quedarte sola cuando has pasado la gran parte de tu vida acompañaba.

No sabes que hacer con la soledad, sencillamente no sabes.

En mi tiempo eso de abrazarme a mi misma, de tener mi espacio, de tener una vida que no lo incluyera a él, no existía.

Entonces no aprendí a convivir conmigo misma. Aprendí a estar por Él a vivir para Él a crear planes juntos, a reír sus chistes a compartir sus proyectos. ¿Será que me hice a un lado y no aprendí a vivir por mi y para mi?

Bueno ahora que tengo tiempo de reflexionarlo, tal vez así era pero nunca me daba cuenta.

Soy de una época donde el hombre moldeaba a la mujer y la mujer solo era feliz si tenía un molde.

La felicidad no era cosa que tuviéramos en nuestro interior, no que va, la felicidad era proporcionada por un buen hombre al cual le diéramos algunos hijos, que nos representara ante la sociedad y preferiblemente que no nos fuera infiel, al menos no visiblemente.

¿Que si sufríamos?

Bueno sufrir no tiene que ver con las épocas, sufrir es parte de sentir, mientras más sientes más sufres y si, la verdad, si sufríamos mucho, sobre todo la mujer que por desgracia quería amarse, quería no ser un apéndice del hombre, quería tener un solo hijo porque entendía que solo a uno podía educar realmente. Ella no cumpliría con las normas de nuestra sociedad y era fuertemente criticada empezando por la familia.

Yo fui más cobarde, me convencí de un amor inexistente pero que me dejaba vivir tranquila, Él era un buen hombre, nunca me pegó, se puede decir que fue buen padre, no sabía de las citas médicas, ni de los amigos, ni de las escuela de nuestros hijos pero ponía comida en la mesa, compraba ropa decente y los llevaba a pasear una vez al mes que por promedio era lo que hacían los maridos de las mujeres a mi alrededor.

Yo me sentía protegida, mis hijos estaban bien y vivíamos, así pasaron los años, años donde jamás pensé en mi, años donde jamás me hice preguntas

¿Qué preguntas?

Bueno, para empezar;
¿Realmente amé a mi esposo?

No lo sé, fue el único hombre con el que viví, no puedo comparar, ah pero cuando hoy, a dos años de su muerte me pongo a hablar con mis amigas, cuando 50años después de haberme casado la sexualidad de la mujer empieza a ser menos tabú, y les digo menos porque todavía es un Tabú pero ya hay libros y Netflix para dejarnos ver y entender que también está bien hablar sobre nuestra intimidad, me doy cuenta tristemente que quizás nunca he amado, que quizás y digo solo quizás porque puede ser que si y que lo haya olvidado, así que por amor propio me voy a otorgar el beneficio de la duda.

¿Me conozco?
Muchas veces no estoy segura, hoy que tengo tiempo para mi, no se que hacer conmigo, no se que películas ver, no se que hacer con mi soledad, no se que meda placer, no se que temas me apasionan, no se que hacer con mi presente y menos con mi futuro.

¿Me he querido?
¿Que significa esta pregunta?

¿Que es quererme?

¿Como se si me he querido?

¿Que he hecho para quererme?

¿Soy feliz?
No lo sé, ¡tengo demasiadas preguntas cuando estaba en una edad donde creía tener respuestas!

Entonces a mis 75 años, cuando creía haber terminado, cuando me creía lista para dejar el mundo, me apego más a él, ahora quiero bailar, quiero hacer teatro, quiero hacer locución que ahora le llaman podcasting y me pongo delante de una cámara para que me firmen y algunos creerán que estoy haciendo un papelazo, pero yo, yo estoy viviendo.

Estoy pensando en mi por primera vez, todavía tengo muchas preguntas, todavía me estoy descubriendo, todavía me sube la presión por miedo a la soledad y busco su compañía en las noches de frío pero aún así, estoy aprendiendo a definir que es para mi ser feliz…

Escribe tu novela

Que fácil sería si nuestra vida se pudiera cerrar como capítulos de novela, sin remordimientos, ni desquites, sin pesares, sin tristezas a medias.

Pasar la página y encontrarte con ese personaje que quieres ser, ser correspondida por ese amor, no ser juzgada y si eres juzgada pues no importará mucho porque en el próximo capítulo ya nadie lo recordará.

Que maravilloso sería encontrarnos en el lugar indicado, con el ambiente indicado, con esos fallos del amor que terminan siendo amores eternos, con esos hilos rojos que nunca se parten por mucho que se enreden, que nunca se olvidan por mucho que se alejen. Enfrentarte con esos hilos rojos y poderles decir:
Te Amo y lo haré siempre,
a pesar de que falten
los motivos para amar,
te seguiré amando en cada reencarnación
aunque en cada reencarnación
no te pueda rosar.

Y no importaría porque en el próximo capítulo ya tendríamos una vida nueva, un amor perfecto, tranquilo, alegre, pasional y nuestro y el hilo rojo ya no tendría sentido y la memoria no nos removería el alma.

Como seríamos si pudiéramos tener las llaves del alma, vivir la vida sin remordimientos, amar sin culpas desde la limpieza de amor, gritarle al mundo lo que siente, alejarte del que no te aporte, meter a la sociedad en un bolsillo y dejarla olvidada como eso que no importa, agarrarte fuerte de lo que te hace vibrar, sentir como sientes, sin juzgar, sin maltrechas inquisiciones que no dejan avanzar a las almas libres.

Ahora que lo pienso no es tan difícil vivir la vida como si estuviéramos leyendo un libro, como si fuéramos los escritores de nuestra novela, porque al final de todo eso somos, los autores de una vida que será como queramos que sea.

Entonces no vale la pena empezar a escribir cuando ya no tengas fuerzas, ni hacer borrones por culpas, ni tener remordimientos por cobardía.
Escribe lo que quieras vivir

y vive para que no mueras nunca.

¡Los libros aburridos siempre tienen polvo en una biblioteca!

¡ELIGE SER FELIZ!

Vive la vida, llénate de amor propio o de egoísmo, como quieras llamarle, los calificativos van cambiando según las épocas pero el concepto sigue siendo el mismo: Ámate a ti primero, sin sentir culpas, miedos, ni penas, sin detenerte a esperar por quien no te siga, sin cuestionar a quien no te escoja, vive por ti y para ti, llenándote de amor cada mañana, mimando a La Niña que llevas dentro, riéndote de nada, bailando sin música, disfrutando del viento, rodéate de quien te sume, quien aunque no te entienda, no te critique, quien te sepa esperar sin quejarse, quien te permita amarte.

Escoge amarte cada mañana, espera recibir aunque no hayas dado y no esperes a recibir porque hayas dado, se digna de tus principios y consignas aunque no se aprueben, aunque se critiquen, se tú, con cada imperfección, con cada derrota sin batalla, y en tantas batallas sin derrotas, ama tus aciertos que terminan en desiertos, ama tus soledades que te permiten encontrarte y reinventarte, que permiten conocerte, sin etiquetas ni pasados, conócete hoy, cambiamos constantemente, quien fuiste ayer, ya no serás mañana.

Sana tu presente para que no vivas con el pasado acuestas, no idealices tus frustraciones, no eternices tus sufrimientos, carga solo con las memorias que te permitirán sonreír, deshazte de prejuicios, de amarguras, de rencores.

Vive tu vida en colores.

¡Elige ser feliz!

El Amor todo lo puede

Ya te preguntaste; ¿ Por qué el amor
tiene que ser sufrido?

¿Por qué hay que aguantar dolores tanto físicos como espirituales para demostrar cuanto amamos o para sentir satisfacción porque amamos?

Te has puesto a pensar; cuanto las personas cuestionan al que decide amar desde la alegría, amar sin agonía, amar sin susto, amar en el placer de la calma, sin el desespero de la espera, amar no debería ser una bandera en la loma del sufrimiento, amar no debería ser lamento, más bien goce, regocijo, refugio sin tempestades, amar debería traer verdades que se dicen para sanar, debería ser perdonar lo mucho que no te he amado y no lo mucho que me has maltratado.

Si, enseñémosle a nuestros hijos que el amor todo lo puede cuando se da y se recibe amor, que el mundo puede ser mejor desde la bondad del amor, desde la comprensión del amor, desde la sinceridad del amor.

Si, enseñémosle a nuestros hijos que cuando alguien los hiere, los maltrata, los humilla, le cuestiona su Fe, su identidad, sus pasiones, les cercena la voz, les amputa sus derechos en nombre del Amor; pues que esto no es amor.

Y quizás un día el Amor se ponga de moda, quizás un día se hable del amor sin dolor ni lágrimas, con la Fe absoluta de que El Amor todo lo puede.

La analogía del zapato

- ¡Ya no lo aguanto más!

Le dije a mi mamá cuando llegue esa tarde a verla como cada Jueves.

- ¡Ya me cansé de tratar que sea el hombre que siempre soñé que sería, el hombre que me merezco, el hombre que hace todo para merecerme! Es verdad que es trabajador, que es sincero, que jamás he sufrido por una infidelidad, vaya porque si me ha sido infiel, nunca lo he notado, es cierto que es lindo que lo miro y no me imagino un mañana sin Él, que me mima y me protege. Pero yo quiero un hombre romántico, uno que me traiga flores y me lleve a ver el amanecer, uno que me dedique canciones y me regale poemas, uno que me traiga serenatas en mi cumpleaños y me cumpla algún deseo cuando cumplamos años, uno que no se conforme con el trabajo que tiene ni el dinero que gana, que tenga planes de un futuro donde nos veamos más cómodos para cuando nazcan los niños. Y llevo tres años con Él, y es cierto que han sido maravillosos pero no veo lo que quiero ver, no me da lo que quiero tener!

Mi mamá me miró, con esa mirada sincera y su silencio coherente.

- Ven conmigo

Y fuimos hasta el closet y me enseñó unos zapatos altos de tacón fino beige.

- Mira lo que te compré.

- ¡No te lo puedo creer mami, pero que lindos, estos son los que vimos en la tienda hace unos días, me encantaron, es que están preciosos, mañana mismo los estreno para ir a la oficina!

- Si y tráelos por la noche cuando vengas a comer.

- ¡Hay no mami, ya creo que tendré los pies hinchados de caminar el día entero, me los voy a sentir pequeños!

- Ah pues llévalos puesto a casa de tus tíos en el almuerzo de mañana.

- ¡Hay mami no, que voy a estar demasiado elegante para la ocasión!

- ¡Oh cierto! bueno pues póntelos para el picnic del Domingo en el parque.

- ¡Pero mami como se te ocurre, que no voy a poder caminar me voy a hundir en la tierra!

- ¡Ah pues entonces no te gustan tanto esos zapatos!

- ¡Que si mami, que me encantan! que no estén a la altura de cada ocasión no significa que no me gusten.

- ¡Exacto! tu novio es como este par de zapatos, va a ver ocasiones en que te va a quedar justo a la medida, otras quizás un poco pequeño, algunas un poco grande y otras veces lo sentirás fuera de sitio, pero eso no significa que no lo quieras contigo porque como estos zapatos, no hay hombre que nos quede perfecto en todas las ocasiones.

La miré con esas Gracias que nunca le doy y ese beso que siempre agradece.

- Ahora mismo no se porque te agradezco más, si por los zapatos o por la analogía.

- Ponle a tu realidad fantasía, encuentra lo bello que hay en ella, porque mientras sigas intentando convertir tu fantasía en una realidad, serás infeliz toda tú vida.

Terminó diciendo ella.

Una Anécdota, Varias Moralejas

Hace algunos años ya, coincidí en el andén laboral con alguien obstinadamente perfecta, y les digo que en el andén laboral porque creo que de una forma u otra todos esperábamos que a diario pasara un tren que se la llevara a ella, no por mala, no me mal entiendan, sino por insaciablemente perfecta.

Sus hijos: Que les digo, me quedo sin palabras concretas para describirlos; los más brillantes de su clase, los más limpios, correctos y ordenado, los más respetuosos, cariñosos y amables, a un punto que realmente no sabía si hablaba de niños o robots o si alguna de las dos estábamos en la galaxia equivocada, ¡¡probablemente yo para serles sincera!!

Su Esposo: ahí si sentí envidia por primera vez de otra mujer; que hombre para ser completo, Dios, es que si Adán existió, este señor lo imitó!

Magnifico amante, padre insuperable, trabajador intachable, hombre detallista, cariñoso y para colmo buen mozo.
Nada, que el hombre perfecto existía y a esta señora le había tocado.

Ya se imaginarán, o quizás no, los largos y aburridos perfectos monólogos que está señora hacia a la hora del almuerzo, al punto que nos hacía a todos los que le rodeábamos visiblemente miserables porque ante tanta perfección nadie se atrevía a comentar sus vulgares vidas imperfectas.

Hasta ese día de esa tarde cualquiera, que entré a la oficina y no me sintieron llegar, y fue entonces cuando entendí que quizás sí era perfecta su vida, de esa perfección que todos queremos hablar, pero su corazón que se había hecho de hielo, en esa oficina se empezaba a calentar.

Entonces mi envidia se empezó a desvanecer, y a mis imperfecciones les cogí más cariño, amé más a mi esposo lo mimé como a un niño y a mi princesa bella feliz la vi crecer.

Dicen, ya no lo se, que hoy la vida le sonríe y que sigue haciendo historia de su perfecto andar, solo sé, que su mundo no es perfecto, pues bajo este mismo cielo hay otro hombre que ella no logra olvidar.

UN FINAL FELIZ

A unos días de su muerte ella se siente la mujer más dichosa del mundo.

¡Es inconcebible! Piensa por un momento, saber que en días, quizás horas ya no exista más o exista en la tan mencionada otra dimensión o realidad paralela o realmente conozca el cielo, después de todo; me lo he ganado.

No, no deseo irme, la verdad, si mi vida hubiese sido siempre así, no valoraría tanto estos días, es cierto; estoy muriendo y no habrá nada en este mundo que cambie esa realidad, pero muy a pesar de eso; soy feliz.

Pensando para no declararse consumida por una locura de avisos terminales, una resignación vestida de compasión, se da cuenta porque es feliz, más feliz de lo que recuerda haber sido en toda su vida.

No tuve hijos; comienza diciéndose, o sea que no tuve la incertidumbre de la espera para concebir, donde cada vez que llegaba a una fiesta o reunión de amigos nadie me preguntaba para cuando me tocaba a mi, porque todos sabían que no podía tener hijos, por supuesto no tuve nueve meses de ilusiones, de preocupaciones de los familiares para que no hiciera fuerza y comiera saludable, de antojos fingidos; que a todos nos gustan los helados, los dulces y las malteadas, no fui el centro de atención en un parto desgastante de 11 horas donde todas las plegarias de amigos, familiares y vecinos estaban puestas por mi y mi bebé.

Viví con un solo esposo, el cual después de un tiempo se aburrió de mis buenas costumbres, de la casa ordenada, de la comida a su hora y el sexo planificado y se fue, dejándome como "la pobre" en algunos comentarios bien intencionados y "no es fea, pronto encontrará otro" en otros no tan buenos. Mi corazón se aferró a él y aunque sabía que jamás volvería a tenerlo a mi lado, me negué a ser de otro.

Como siempre tuve un solo trabajo, sin llegadas tardes, ni falta alguna y portarse bien nunca ha sido muy notorio, pasé a ser agradablemente desapercibida, realidad que no me molestó jamás y para ser sincera ni siquiera lo noté, me acostumbré y amé a mi soledad, al perro que ladraba si había algún extraño, al canto del gallo cada mañana, al olor de las flores de mi jardín y mi tasa de café en el desayuno.

Supe ser amiga de todos, nunca fui amenaza o competencia para nadie y así viví tranquilamente feliz o al menos eso creía hasta que hace tres semanas atrás, me encontró una vecina en un charco de sangre, inconsciente en el suelo por el golpe tras la caída, caída que no recuerdo, solo sé que cuando me desperté tenía mi cuarto de hospital repleto de amigos que hacía años no veía, todos mis vecinos hasta el que menos me saludaba estaban ahí, tenía rosas, claveles y margaritas adornando mi mesita de noche, hasta un peluche y bombones me habían traído de regalo. Las caras estaban largas, eso si, pero yo era feliz de verlos a todos, todos sabían lo que yo ignoraba, pero mi alegría era tanta que no importaba, a mis sesenta años había comprendido lo feliz que me hacía estar rodeada de tantas personas, ser el centro de atención de todos, ser mimada, cuidada y protegida por alguien más que no fuera yo, a los sesenta años empecé a valorar la vida, a darme cuenta lo frágil que era, a amarme más sin rencores, a no idealizar un amanecer, a disfrutar el viento en la piel y del arcoíris sus colores, a los sesenta años y con dos semanas de pronóstico de vida, empecé a vivir de nuevo.

Hace tres semanas saqué todo el dinero que pude ahorrar por no permitirme un lujo para cuando la vejez llegara, comencé a saborear cada comida sin importar calorías ni precios, visito familiares y amigos que nunca tuve tiempo de ir a ver, me renté una casa a la orilla del Mar y me baño desnuda en cada amanecer, ya no tengo que perder, el pudor también se fue, pero hay tanto amor rodeándome que jamás imaginé un mejor final.

Todas las tardes hacemos fiesta en la casa, se llena el ambiente de música, de niños, de tragos, de cuentos, de historias. Hay chistes, hay risas, no hay penas y si glorias, mi amor de siempre nos acompaña a diario, su esposa de ahora igual viene con Él, yo hice hace años, las paces con el pasado y me alegra mucho verlo a mi costado.

Nada está en su sitio en mi casa, pero que importa como esté todo afuera si en mis adentros todo está ordenado.

Hoy soy el centro de todas las miradas, mi ego seguramente ríe a carcajadas, me levanto con el toque de un vecino y su taza de café, una prima me trae pasteles y dos sobrinas siempre componen la casa, aunque cada tarde se vuelve a descomponer.

Si, no se cuanto me quede, una semana, unas horas, quizás no termine esto que vas a leer, no importa, la verdad, la alegría me hace ola, ¡La vida es solo Ahora, no la dejes para después!